L'île du dragon

Texte : Nancy Montour
Illustrations : Benoît Laverdière

À tous les jeunes aventuriers.
Benoît

Le raton laveur

Catalogage avant publication de Bibliothèque et Archives nationales du Québec et Bibliothèque et Archives Canada

Montour, Nancy

L'île du dragon

(Le raton laveur)
(Pinoche le dragon)
Pour enfants de 3 à 9 ans.

ISBN 978-2-89579-234-5

I. Laverdière, B. (Benoît). II. Titre. III. Collection: Raton laveur (Bayard (Firme)).

PS8576.O528I44 2009 jC843'.6 C2008-942570-7
PS9576.O528I44 2009

Nous reconnaissons l'aide financière du gouvernement du Canada par l'entremise du Programme d'aide au développement de l'industrie de l'édition (PADIÉ) pour nos activités d'édition

Conseil des Arts du Canada Canada Council for the Arts

Bayard Canada Livres Inc. remercie le Conseil des Arts du Canada du soutien accordé à son programme d'édition dans le cadre du Programme des subventions globales aux éditeurs.
Cet ouvrage a été publié avec le soutien de la SODEC.
Gouvernement du Québec – Programme de crédit d'impôt pour l'édition de livres – Gestion SODEC.

Dépôt légal – 1e trimestre 2009
Bibliothèque nationale du Québec
Bibliothèque nationale du Canada

Direction : Caroline Merola
Graphisme : Mathilde Hébert
Révision : Sophie Sainte-Marie

4475, rue Frontenac, Montréal (Québec), Canada H2H 2S2
Téléphone : (514) 844-2111 ou 1 866 844-2111
Télécopieur : (514) 278-3030
Courriel : edition@bayard-inc.com

Imprimé au Canada

Fiches d'activités disponibles sur **www.bayardlivres.ca**

Tout près d'un étang, il y a très longtemps,
un brave et courageux dragon
construisait un radeau.

– Ce n'est pas juste, avait-il dit à son amie Gribouille la grenouille. Tu as une belle petite île à toi, et moi, je n'en ai pas.

– Pinoche, ce n'est pas une île ! C'est seulement une feuille de nénuphar qui flotte sur l'étang.

– C'est la même chose, avait déclaré le dragon. Moi aussi, je veux une île qui flotte sur l'eau pour me reposer.

C’est ainsi que Pinoche le dragon partit à la recherche
d’une île juste pour lui. Mais il n’avait pas imaginé
que ce serait si compliqué !

Il n'était pas sitôt parti qu'il rencontra un magnifique poisson qui le guida vers l'île aux Papillons.

« J'ai de la chance, se dit le dragon. Sur l'île aux Papillons, ça sentira sûrement très bon ! »

En effet, on aurait dit un immense jardin fleuri. Pinoche jeta rapidement son ancre dans l'herbe. Il courut jusqu'au milieu de l'île et cria très fort :

– Ohé ! Ohé ! Il y a quelqu'un ici ?

Personne ne lui répondit.

Le dragon était si content d'avoir trouvé une île bien à lui qu'il se roula joyeusement dans l'herbe parfumée. Ensuite, il se fabriqua un bel oreiller de brindilles et ferma les yeux pour dormir un peu. Mais bientôt, un papillon se posa sur son dos, puis deux, trois, quatre, dix, cent, mille papillons! Comme Pinoche était un peu chatouilleux, il se tortillait en riant. Au bout d'un moment, le dragon se releva brusquement. Il ne trouvait plus cela amusant.

– Laissez-moi tranquille, demanda-t-il.

Les papillons continuèrent de virevolter autour de lui. Alors Pinoche courut jusqu'à son radeau et quitta cette île aussitôt.

Un peu plus tard, il rencontra
un poisson-perroquet qui lui parla
d'une île fabuleuse.

« J'ai de la chance » se dit le dragon
en découvrant l'île en question.

Pinoche tira son radeau jusqu'à la grève.
Il n'y avait là qu'un vieil arbre
aux branches entrelacées. Pinoche
grimpa sur le dos arrondi de l'île et cria très fort :

– Ohé ! Ohé ! Il y a quelqu'un ici ?

Aussitôt, il entendit :

– Ohé ! Ohé ! Il y a quelqu'un ici ? Il y a quelqu'un ici ?

Pinoche répondit:

– Oui. Il y a moi. Je suis Pinoche le dragon.

Soudain, il vit apparaître devant lui un, deux, trois, quatre, dix, cent, mille perroquets aux couleurs flamboyantes ! Ils se mirent tous à répéter :

– Je suis Pinoche le dragon ! Je suis Pinoche le dragon !

– Non ! cria le dragon. C'est moi, Pinoche le dragon !

– Non ! C'est moi, Pinoche le dragon ! redirent les perroquets sur tous les tons.

– Vous n'êtes même pas des dragons, répliqua furieusement Pinoche.

– Vous n'êtes même pas des dragons ! Vous n'êtes même pas des dragons !

Pinoche ne trouvait pas cela amusant. Il quitta rapidement cette île étourdissante.

Le pauvre dragon s'endormit sur son radeau
tandis que les poissons-lunes veillaient sur lui.

Au petit matin, Pinoche découvrit qu'il avait échoué sur une île grise. L'île semblait déserte, mais le dragon cria tout de même :

– Ohé ! Ohé ! Il y a quelqu'un ici ?

Personne ne lui répondit. Le dragon décida d'attendre un peu, au cas où...

Après un long moment, le dragon se dit :
« Enfin ! J'ai trouvé une île juste pour moi. »

Quelle ne fut pas sa surprise de voir apparaître sur les flots un petit bateau. À son bord, il n'y avait pas un, mais deux, trois, quatre, dix, cent, mille singes grimaçants ! Ils bondissaient partout et gesticulaient beaucoup.

Pour les chasser, Pinoche improvisa :

– Cette île est à moi tout seul ! C'est un endroit dangereux pour les singes à pirouettes ! Allez-vous-en !

Heureusement, le bateau passa sans accoster,
et l'île du dragon retrouva sa tranquillité.

Mais ce n'était peut-être pas
l'île du dragon...

Soudain, une vague géante souleva le radeau et le déposa sur les berges d'un marais verdoyant.

« J'ai de la chance, tout de même, se dit le dragon. Je viens de découvrir un endroit magnifique ! »

Pinoche glissa silencieusement sur l'eau jusqu'à un petit étang. Le chant joyeux des oiseaux remplissait les lieux.
Pour ne pas les effrayer, Pinoche demanda doucement :

– Ohé ! Ohé ! Il y a quelqu'un ici ?

Une petite voix lui répondit :

– Oui, il y a moi. Gribouille la grenouille !

Le dragon fut bien surpris de retrouver son amie.

– Que fais-tu ici, Gribouille ? Tu m'as suivi ?

– Pas du tout, Pinoche, je n'ai pas bougé.
Tu n'as donc pas trouvé ton île ?

Le dragon comprit qu'il était revenu chez lui. Il répondit :

– Mais oui, Gribouille. Regarde ! Et en plus, ici, j'ai des amis !

Cette fois, c'était bien l'île du dragon !